Παραμαχάνσα Γιογκανάντα
(1893 - 1952)

Παραμαχάνσα Γιογκανάντα

# Ο ΝΟΜΟΣ ΤΗΣ ΕΠΙΤΥΧΙΑΣ

―

Χρησιμοποιώντας τη δύναμη του Πνεύματος για τη δημιουργία Υγείας, Ευημερίας και Ευτυχίας

Τίτλος πρωτοτύπου στα Αγγλικά που εκδόθηκε από το
*Self-Realization Fellowship*, Los Angeles (California):
*The Law of Success*

ISBN-13: 978-0-87612-150-4
ISBN-10: 0-87612-150-4

Μεταφρασμένο στα Ελληνικά από το Self-Realization Fellowship
Copyright © 2013 Self-Realization Fellowship

Όλα τα δικαιώματα διατηρούνται. Εκτός από σύντομα αποσπάσματα του βιβλίου, επί λέξει σε εισαγωγικά, κανένα τμήμα του *Νόμου της Επιτυχίας (The Law of Success)* δεν επιτρέπεται να αναπαραχθεί, αναδημοσιευθεί, αποθηκευθεί, μεταδοθεί ή προβληθεί σε οποιαδήποτε μορφή, ή με οποιοδήποτε μέσον (ηλεκτρονικό, μηχανικό ή άλλο) που είναι γνωστό τώρα ή θα εφευρεθεί στο μέλλον – περιλαμβανομένων φωτοτυπιών, ηχητικών καταγραφών, ή οποιουδήποτε συστήματος αποθήκευσης ή ανάκτησης πληροφοριών ή φωτοανατύπωσης, χωρίς προηγούμενη γραπτή άδεια από το Self-Realization Fellowship, 3880 San Rafael Avenue, Los Angeles, California 90065-3219, USA.

Εξουσιοδοτημένη έκδοση από το Συμβούλιο Διεθνών Εκδόσεων του Self–Realization Fellowship

Το όνομα και το έμβλημα του *Self-Realization Fellowship* (που φαίνονται παραπάνω) υπάρχουν σε όλα τα βιβλία, καταγραφές και άλλες δημοσιεύσεις του SRF, διαβεβαιώνοντας τον αναγνώστη ότι ένα έργο προέρχεται από την κοινότητα που ίδρυσε ο Παραμαχάνσα Γιογκανάντα και μεταβιβάζει πιστά τις διδασκαλίες του.

Πρώτη έκδοση στα Ελληνικά από το *Self-Realization Fellowship*, 2013
First edition in Greek from *Self-Realization Fellowship*, 2013

ISBN-13: 978-0-87612-060-6
ISBN-10: 0-87612-060-5

1463-J1576

*Ο πιο σοφός είναι αυτός που αναζητά το Θεό. Ο πιο επιτυχημένος είναι αυτός που βρήκε το Θεό.*

*- Παραμαχάνσα Γιογκανάντα*

# ΤΟ ΕΥΓΕΝΕΣ ΚΑΙ ΤΟ ΝΕΟ

Τραγούδα τραγούδια που κανείς δεν τραγούδησε,

Σκέψου όπως κανείς δε σκέφτηκε,

Περπάτα σε δρόμους όπου κανείς δεν περπάτησε,

Κλάψε για το Θεό όπως κανείς δεν έκλαψε,

Κάνε ειρήνη με όσους κανείς δεν έκανε,

Νιώσε δικό σου αυτόν που όλοι απαρνούνται.

Αγάπα τους ανθρώπους με μια αγάπη που κανείς δεν ένιωσε και

Αντιμετώπισε γενναία τη μάχη της ζωής, με ατσάλινη δύναμη.

# ΤΟ ΘΕΪΚΟ ΚΛΗΡΟΝΟΜΙΚΟ ΜΟΥ ΔΙΚΑΙΩΜΑ

Ο Κύριος με έπλασε κατ' εικόνα Του. Πρώτα θα αναζητήσω Αυτόν και θα σιγουρευτώ ότι πραγματικά έχω επαφή μαζί Του· μετά, αν είναι το θέλημά Του, είθε τα πάντα –σοφία, πλούτος, υγεία– να έρθουν στη ζωή μου ως μέρος του θεϊκού κληρονομικού μου δικαιώματος.

Θέλω απέραντη επιτυχία, όχι από γήινες πηγές, αλλά από τα χέρια του Θεού, που όλα τα κατέχουν, όλα τα μπορούν, όλα τα προσφέρουν γενναιόδωρα.

# Ο ΝΟΜΟΣ
# ΤΗΣ ΕΠΙΤΥΧΙΑΣ

―――

Υπάρχει κάποια δύναμη που να μπορεί να φανερώσει κρυμμένες φλέβες χρυσού και να αποκαλύψει θησαυρούς που δεν ονειρευτήκαμε ποτέ; Υπάρχει κάποια ισχύς την οποία να μπορούμε να επικαλεσθούμε για να μας δώσει υγεία, ευτυχία και πνευματική φώτιση; Οι άγιοι και οι σοφοί της Ινδίας διδάσκουν ότι υπάρχει τέτοια δύναμη. Έχουν αποδείξει την αποτελεσμακότητα των αρχών της αλήθειας που θα λειτουργήσουν και για σας, αν τους δώσετε την ευκαιρία.

Η επιτυχία σας στη ζωή δεν εξαρτάται ολοκληρωτικά από την ικανότητα και την εκπαίδευση· εξαρτάται και από την αποφασιστικότητά σας να αρπάζετε τις ευκαιρίες που σας παρουσιάζονται. Οι ευκαιρίες στη ζωή έρχονται με τη δημιουργία τους, όχι από τύχη. Εσείς οι ίδιοι, είτε τώρα, είτε στο παρελθόν (συμπεριλαμβανομένου και του παρελθόντος των προηγούμενων ζωών), έχετε δημιουργήσει όλες τις ευκαιρίες που έρχονται στο δρόμο σας. Αφού τις κερδίσατε, χρησιμοποιήστε τες προς το καλύτερο συμφέρον σας.

Αν χρησιμοποιείτε όλα τα διαθέσιμα εξωτερικά μέσα, καθώς και τις φυσικές σας ικανότητες, για να υπερβαίνετε κάθε εμπόδιο στο δρόμο σας, θα αναπτύξετε με τον τρόπο αυτό τις δυνάμεις που σας έδωσε ο Θεός – απεριόριστες δυνάμεις, που πηγάζουν από τα μύχια του σθένους που υπάρχει μέσα στην ύπαρξή σας. Διαθέτετε τη δύναμη της σκέψης και τη δύναμη της θέλησης. Χρησιμοποιήστε αυτά τα θεϊκά δώρα στο έπακρο!

Παραμαχάνσα Γιογκανάντα

# Η ΔΥΝΑΜΗ ΤΗΣ ΣΚΕΨΗΣ

Στη ζωή σας έρχεται η επιτυχία ή η αποτυχία ανάλογα με τις συνήθεις σκέψεις σας. Μέσα σας ποιες σκέψεις είναι πιο ισχυρές; Αυτές της επιτυχίας ή αυτές της αποτυχίας; Αν ο νους σας είναι συνήθως αρνητικός, μια περιστασιακή σκέψη επιτυχίας δεν είναι αρκετή για να προσελκύσει την επιτυχία. Αν όμως σκέφτεστε σωστά, θα βρείτε το στόχο σας, ακόμα κι αν φαίνεται ότι είστε τυλιγμένοι στο σκοτάδι.

Εσείς, και μόνον εσείς, είστε υπεύθυνοι για τον εαυτό σας. Κανείς άλλος δε θα είναι υπόλογος των πράξεών σας όταν έρθει η τελική κρίση. Η εργασία σας στον κόσμο –στη σφαίρα όπου το κάρμα, η δική σας δραστηριότητα στο παρελθόν, σας τοποθέτησε– μπορεί να εκτελεσθεί από μόνο ένα πρόσωπο – τον εαυτό σας. Και η εργασία σας μπορεί να ονομαστεί «επιτυχημένη» μόνον όταν με κάποιο τρόπο βοηθά τον συνάνθρωπό σας.

Μη σκέφτεστε συνεχώς ένα πρόβλημα. Αφήστε το για λίγο χρόνο και μπορεί να λυθεί από μόνο του· να προσέχετε όμως μήπως *εσείς* αφεθείτε τόσο πολύ ώστε να χάσετε τη διάκρισή σας. Καλύτερα χρησιμοποιήστε το διαθέσιμο χρόνο σας για να στρέφεστε βαθιά μέσα σας, στη γαλήνια περιοχή του εσωτερικού Εαυτού σας. Συντονισμένοι με την ψυχή σας, θα μπορείτε να σκέφτεστε σωστά σχετικά με οτιδήποτε κάνετε· και αν οι σκέψεις ή οι πράξεις σας έχουν ξεφύγει από το σωστό δρόμο, μπορούν να επαναφερθούν σ' αυτόν. Αυτή η δύναμη του θεϊκού συντονισμού μπορεί να επιτευχθεί με εξάσκηση και προσπάθεια.

Παραμαχάνσα Γιογκανάντα

# Η ΘΕΛΗΣΗ ΕΙΝΑΙ Η ΓΕΝΝΗΤΡΙΑ

Για να είστε επιτυχημένοι θα πρέπει, μαζί με τη θετική σκέψη, να χρησιμοποιείτε τη δύναμη της θέλησης και να είστε συνεχώς δραστήριοι. Κάθε εξωτερική εκδήλωση είναι αποτέλεσμα της θέλησης, αλλά αυτή η δύναμη δε χρησιμοποιείται πάντα συνειδητά. Υπάρχει η μηχανική θέληση, καθώς και η συνειδητή θέληση. Η γεννήτρια όλων των δυνάμεών σας είναι η ισχυρή δύναμη της θέλησης. Χωρίς θέληση δεν μπορείτε να περπατήσετε, να μιλήσετε, να εργαστείτε, να σκεφθείτε, ή να αισθανθείτε. Επομένως η δύναμη της θέλησης είναι η κινητήρια δύναμη όλων των πράξεων. (Αν προσπαθούσατε να μη χρησιμοποιήσετε αυτή την ενέργεια, θα έπρεπε να μένατε εντελώς αδρανείς και σωματικά και νοητικά. Ακόμα κι όταν κινείτε το χέρι σας, χρησιμοποιείτε δύναμη θέλησης. Είναι αδύνατο να ζήσει κάποιος χωρίς να χρησιμοποιεί τη δύναμη αυτή.)

Η μηχανική θέληση είναι η χρησιμοποίηση της δύναμης της θέλησης χωρίς σκέψη. Η συνειδητή θέληση είναι μια ζωτική δύναμη που συνοδεύει την αποφασιστικότητα και την προσπάθεια, μια γεννήτρια που θα πρέπει να κατευθύνεται σοφά. Καθώς εκπαιδεύετε τον εαυτό σας να χρησιμοποιεί συνειδητή και όχι μηχανική θέληση, θα πρέπει επίσης να σιγουρευτείτε ότι η δύναμη της θέλησής σας χρησιμοποιείται δημιουργικά, όχι για επιζήμιους σκοπούς, ούτε για άχρηστα αποκτήματα.

Για να αναπτύξετε ατσάλινη δύναμη θέλησης, αποφασίστε κατηγορηματικά να κάνετε στη ζωή σας κάποια από τα πράγματα που πιστεύατε ότι δεν μπορούσατε να κάνετε. Στην αρχή προσπαθήστε με απλά πράγματα. Καθώς η αυτοπεποίθησή σας θα ενδυναμώνεται και η θέλησή σας θα γίνεται πιο ισχυρή, μπορείτε να επιδιώκετε την πραγματοποίηση πιο δύσκολων στόχων. Σιγουρευτείτε ότι έχετε κάνει καλή επιλογή και μετά αρνηθείτε να υποταχθείτε στην αποτυχία. Αφιερώστε ολόκληρη τη δύναμη της θέλησής σας για να κυριαρχήσετε σε ένα πράγμα κάθε φορά· μη διασκορπίζετε την ενέργειά σας, ούτε να αφήνετε κάτι ανολοκλήρωτο για να αρχίσετε ένα νέο εγχείρημα.

Ο Νόμος της Επιτυχίας

# ΜΠΟΡΕΙΤΕ ΝΑ ΕΛΕΓΞΕΤΕ ΤΟ ΠΕΠΡΩΜΕΝΟ ΣΑΣ

Ο νους είναι ο δημιουργός των πάντων. Επομένως θα πρέπει να τον καθοδηγείτε να δημιουργεί μόνο καλό. Αν επιμείνετε αποφασιστικά σε κάποια σκέψη με σθεναρή δύναμη θέλησης, τελικά θα εκδηλωθεί σε κάποια απτή εξωτερική μορφή. Όταν μπορείτε να επιστρατεύετε τη θέλησή σας πάντα για δημιουργικούς σκοπούς, τότε *εσείς οι ίδιοι ελέγχετε το πεπρωμένο σας*.

Ήδη ανέφερα τρεις σημαντικούς τρόπους για να ισχυροποιήσετε τη θέλησή σας: (1) επιλέξτε να κάνετε μια απλή δουλειά ή να πραγματοποιήσετε κάτι που ποτέ δεν καταφέρατε και αποφασίστε αμετάκλητα ότι θα επιτύχετε σ' αυτό· (2) βεβαιωθείτε ότι έχετε επιλέξει κάτι δημιουργικό και εφικτό και μετά αρνηθείτε να σκεφθείτε την αποτυχία· (3) επικεντρωθείτε σε έναν μοναδικό σκοπό, επιστρατεύοντας όλες τις ικανότητές σας και τις ευκαιρίες για να τον πετύχετε.

Θα πρέπει όμως πάντα να είστε σίγουροι, μέσα στη γαλήνια περιοχή του εσωτερικού Εαυτού σας, ότι αυτό που θέλετε είναι δίκαιο να το έχετε και ότι είναι σύμφωνο με τους σκοπούς του Θεού. Τότε μπορείτε να χρησιμοποιήσετε όλη την ισχύ της θέλησής σας για να επιτύχετε αυτό που θέλετε· κρατώντας ωστόσο το νου σας στο Θεό – την Πηγή όλης της δύναμης και όλων των επιτευγμάτων.

# Ο ΦΟΒΟΣ ΕΞΑΝΤΛΕΙ ΤΗ ΖΩΙΚΗ ΕΝΕΡΓΕΙΑ

Ο ανθρώπινος εγκέφαλος είναι μια αποθήκη ζωικής ενέργειας. Αυτή η ενέργεια εφαρμόζεται συνεχώς για τις κινήσεις των μυώνων· για τη λειτουργία της καρδιάς, των πνευμόνων και του διαφράγματος· για το μεταβολισμό των κυττάρων και τον καθαρισμό του αίματος· και για να εκτελέσει τις εργασίες του κιναισθητικού συστήματος (των νεύρων). Εκτός από αυτά, απαιτείται μια τεράστια ποσότητα ζωικής ενέργειας για όλες τις διαδικασίες σκέψης, συναισθήματος και θέλησης.

Ο φόβος εξαντλεί τη ζωική ενέργεια· είναι ένας από τους χειρότερους εχθρούς της ισχύος της δύναμης της θέλησης. Ο φόβος προκαλεί πίεση στη ζωική ενέργεια, που κανονικά ρέει σταθερά μέσω των νεύρων, και την αναγκάζει να αποσυρθεί, καθιστώντας τα ίδια τα νεύρα σαν παράλυτα· η ζωτικότητα ολόκληρου του σώματος μειώνεται. Ο φόβος δε σας βοηθά να ξεφύγετε απ' αυτό που σας φοβίζει· το μόνο που κάνει είναι να εξασθενίζει τη δύναμη της θέλησής σας. Ο φόβος κάνει τον εγκέφαλο να στέλνει μήνυμα καταστολής σε όλα τα όργανα του σώματος. Συστέλλει την καρδιά, επιβραδύνει τις λειτουργίες του πεπτικού συστήματος και προξενεί πολλές άλλες σωματικές διαταραχές. Όταν όμως η συνειδητότητα είναι εστιασμένη στο Θεό, δε θα έχετε φόβους· τότε θα υπερβαίνετε κάθε εμπόδιο με θάρρος και πίστη.

Μια «ευχή» είναι *επιθυμία χωρίς ενέργεια*. Μετά την ευχή μπορεί να έρθει η «πρόθεση» – ένα σχέδιο να κάνετε κάτι, να εκπληρώσετε μια ευχή ή επιθυμία. «Θέληση» όμως σημαίνει: «*Πράττω* μέχρι να αποκτήσω αυτό που εύχομαι». Μόνον όταν ασκείτε τη δύναμη της θέλησής σας απελευθερώνετε τη δύναμη της ζωικής ενέργειας – όχι όταν απλώς εύχεστε παθητικά να μπορούσατε να αποκτήσετε κάτι.

Ο Νόμος της Επιτυχίας

## ΟΙ ΑΠΟΤΥΧΙΕΣ ΘΑ ΠΡΕΠΕΙ ΝΑ ΔΙΕΓΕΙΡΟΥΝ ΤΗΝ ΑΠΟΦΑΣΙΣΤΙΚΟΤΗΤΑ

Ακόμα και οι αποτυχίες θα πρέπει να λειτουργούν ως διεγερτικά της δύναμης της θέλησής σας και της υλικής και πνευματικής σας ανάπτυξης. Αν έχετε αποτύχει σε κάποιο έργο, η ανάλυση κάθε παράγοντα της περίστασης θα σας βοηθήσει να αποκλείσετε στο μέλλον κάθε πιθανότητα να επαναλάβετε τα ίδια λάθη.

*Η εποχή της αποτυχίας είναι ο καλύτερος χρόνος για να σπείρετε τους σπόρους της επιτυχίας.* Τα χτυπήματα από διάφορα γεγονότα μπορεί να σας κάνουν να ματώσετε, αλλά κρατήστε το κεφάλι ψηλά. Πάντα να προσπαθείτε *μια φορά ακόμα*, άσχετα με το πόσες φορές αποτύχατε. Παλέψτε όταν πιστεύετε ότι δεν μπορείτε να παλέψετε άλλο, ή όταν πιστεύετε ότι έχετε ήδη κάνει ό,τι καλύτερο μπορούσατε, ή μέχρι οι προσπάθειές σας να στεφτούν με επιτυχία. Μια μικρή ιστορία θα διευκρινίσει αυτό το σημείο.

Ο Α και ο Β πάλευαν μεταξύ τους. Μετά από πολλή ώρα, ο Α είπε στον εαυτό του: «Δεν μπορώ άλλο». Ο Β όμως σκέφτηκε: «Μόνο μια γροθιά ακόμα»· και την έδωσε και ο Α νικήθηκε. Έτσι πρέπει να είστε· να δίνετε μια τελευταία γροθιά. Χρησιμοποιήστε την ακατανίκητη δύναμη της θέλησης για να υπερβαίνετε όλες τις δυσκολίες της ζωής.

Οι νέες προσπάθειες μετά την αποτυχία φέρνουν αληθινή ανάπτυξη. Πρέπει όμως να σχεδιάζονται σωστά και να φορτίζονται με ολοένα και αυξανόμενη ένταση προσοχής και με ισχυρή δύναμη θέλησης.

Ας υποθέσουμε ότι *έχετε αποτύχει* μέχρι τώρα. Θα ήταν ανόητο να παραιτηθείτε από τη μάχη, αποδεχόμενοι την αποτυχία ως απόφαση

## Ο Νόμος της Επιτυχίας

της «μοίρας». Είναι καλύτερα να πεθάνετε παλεύοντας παρά να εγκαταλείψετε τις προσπάθειές σας ενώ υπάρχει ακόμα η πιθανότητα να πετύχετε κάτι περισσότερο· διότι ακόμα κι όταν έρθει ο θάνατος, οι έντονες προσπάθειές σας γρήγορα θα αναζωπυρωθούν σε μια άλλη ζωή. Η επιτυχία ή η αποτυχία είναι το δίκαιο αποτέλεσμα όσων έχετε κάνει στο παρελθόν, *συν όσων κάνετε τώρα*. Γι' αυτό θα πρέπει να αφυπνίσετε όλες τις σκέψεις επιτυχίας των περασμένων ζωών μέχρι να αναζωογονηθούν και να μπορούν να ανατρέψουν την επίδραση όλων των τάσεων αποτυχίας στην παρούσα ζωή.

Το επιτυχημένο πρόσωπο μπορεί να είχε πιο σοβαρές δυσκολίες να αντιμετωπίσει από κάποιον που απέτυχε, αλλά ο πρώτος εκπαιδεύει τον εαυτό του να απορρίπτει τη σκέψη της αποτυχίας σε κάθε περίπτωση. Πρέπει να μεταφέρετε την προσοχή σας από την αποτυχία στην επιτυχία, από την ανησυχία στην ηρεμία, από τις νοητικές περιπλανήσεις στην αυτοσυγκέντρωση, από τη νευρικότητα στη γαλήνη και από τη γαλήνη στη θεϊκή μακαριότητα μέσα σας. Όταν φτάσετε σ' αυτήν την κατάσταση της συνειδητοποίησης του Εαυτού σας, ο σκοπός της ζωής σας θα έχει εκπληρωθεί μεγαλειωδώς.

# Η ΑΝΑΓΚΗ ΓΙΑ ΑΝΑΛΥΣΗ ΤΟΥ ΕΑΥΤΟΥ ΣΑΣ

Ένα άλλο μυστικό της προόδου είναι η ανάλυση του εαυτού σας. Η ενδοσκόπηση είναι ένας καθρέφτης στον οποίο βλέπετε πτυχές του νου σας οι οποίες διαφορετικά θα έμεναν κρυμμένες από σας. Διαγνώστε τις αποτυχίες σας και ξεχωρίστε τις καλές και τις κακές ροπές. Αναλύστε τι είστε, τι εύχεστε να γίνετε και ποια ελαττώματα σας εμποδίζουν. Κατανοήστε τη φύση του αληθινού καθήκοντός σας – της αποστολής σας στη γη. Προσπαθήστε να κάνετε τον εαυτό σας έτσι όπως πρέπει να είστε και όπως θέλετε να είστε. Καθώς έχετε το νου σας στο Θεό και συντονίζεστε με τη θέλησή Του, θα προοδεύετε ολοένα και πιο σίγουρα στη ζωή σας.

Ο τελικός σκοπός σας είναι να βρείτε το δρόμο πίσω στο Θεό, αλλά έχετε επίσης ένα καθήκον να εκτελέσετε στον εξωτερικό κόσμο. Η δύναμη της θέλησης, συνδυασμένη με την πρωτοβουλία, θα σας βοηθήσουν να αναγνωρίσετε και να εκπληρώσετε αυτό το καθήκον.

# Η ΔΗΜΙΟΥΡΓΙΚΗ ΔΥΝΑΜΗ ΤΗΣ ΠΡΩΤΟΒΟΥΛΙΑΣ

Τι είναι πρωτοβουλία; Είναι μια δημιουργική ικανότητα μέσα σας, μια σπίθα του Άπειρου

Παραμαχάνσα Γιογκανάντα

Δημιουργού. Μπορεί να σας δώσει τη δύναμη να δημιουργήσετε κάτι που κανείς άλλος δε δημιούργησε ποτέ. Σας ωθεί να ενεργείτε με νέους τρόπους. Τα κατορθώματα ενός προσώπου με πρωτοβουλία μπορεί να είναι τόσο θεαματικά όσο ένας διάττων αστέρας. Φαινομενικά δημιουργώντας κάτι από το τίποτα, αποδεικνύει ότι αυτό που μοιάζει αδύνατο μπορεί να γίνει δυνατό όταν κάποιος εφαρμόζει τη σπουδαία εφευρετική δύναμη του Πνεύματος.

Η πρωτοβουλία σάς καθιστά ικανούς να στέκεστε γερά στα πόδια σας, ελεύθεροι και ανεξάρτητοι. Είναι ένα από τα χαρακτηριστικά γνωρίσματα της επιτυχίας.

Ο Νόμος της Επιτυχίας

# ΝΑ ΒΛΕΠΕΤΕ ΤΗΝ ΕΙΚΟΝΑ ΤΟΥ ΘΕΟΥ ΣΕ ΟΛΟΥΣ ΤΟΥΣ ΑΝΘΡΩΠΟΥΣ

Πολλοί άνθρωποι δικαιολογούν και συγχωρούν τα δικά τους ελαττώματα αλλά κρίνουν τους άλλους με σκληρότητα. Θα πρέπει να αντιστρέψουμε αυτή τη νοοτροπία και να συγχωρούμε τα ελαττώματα των άλλων εξετάζοντας με σκληρότητα τα δικά μας.

Μερικές φορές είναι αναγκαίο να αναλύουμε τους άλλους ανθρώπους· σ' αυτήν την περίπτωση, το σημαντικό είναι να κρατάμε το νου μας μακριά από την προκατάληψη. Ένας αμερόληπτος νους είναι σαν ένας καθαρός καθρέφτης που κρατιέται σταθερά, χωρίς να αμφιταλαντεύεται με βιαστικά συμπεράσματα. Οποιοσδήποτε άνθρωπος καθρεφτιστεί εκεί, η εικόνα που θα παρουσιαστεί δε θα είναι διαστρεβλωμένη.

Παραμαχάνσα Γιογκανάντα

Μάθετε να βλέπετε το Θεό σε όλους τους ανθρώπους, οποιασδήποτε φυλής ή πίστης. Θα μάθετε τι είναι η θεϊκή αγάπη μόνον όταν αρχίσετε να νιώθετε ότι είστε ένα με όλα τα ανθρώπινα όντα, όχι νωρίτερα. Σε αμοιβαία υπηρεσία, ξεχνάμε τον μικρό εαυτό και βλέπουμε τον έναν απροσμέτρητο Εαυτό, το Πνεύμα που ενώνει όλους τους ανθρώπους.

# ΟΙ ΣΥΝΗΘΕΙΕΣ ΤΗΣ ΣΚΕΨΗΣ ΕΛΕΓΧΟΥΝ ΤΗ ΖΩΗ ΚΑΠΟΙΟΥ

Η επιτυχία επισπεύδεται ή καθυστερείται από τις συνήθειες κάποιου.

Δεν είναι οι φευγαλέες εμπνεύσεις σας ή κάποιες θαυμάσιες ιδέες αυτές που ελέγχουν τη ζωή σας, αλλά οι καθημερινές νοητικές συνήθειές σας. Οι συνήθειες της σκέψης είναι νοητικοί μαγνήτες που έλκουν προς εσάς ορισμένα πράγματα, ανθρώπους και καταστάσεις. Οι καλές συνήθειες σκέψης σάς καθιστούν ικανούς να προσελκύετε οφέλη και ευκαιρίες. Οι κακές συνήθειες σκέψης σάς έλκουν σε υλιστικούς ανθρώπους και σε δυσμενές περιβάλλον.

Αποδυναμώστε μια κακή συνήθεια αποφεύγοντας οτιδήποτε την έχει προκαλέσει ή την έχει διεγείρει, *χωρίς να συγκεντρώνεστε σ' αυτήν μέσα στο ζήλο σας να την αποφύγετε*. Μετά εκτρέψτε το νου σας σε μια καλή συνήθεια και καλλιεργήστε την σταθερά μέχρι να γίνει ένα κομμάτι του εαυτού σας στο οποίο να μπορείτε να βασίζεστε.

Υπάρχουν πάντα δύο δυνάμεις που παλεύουν μεταξύ τους μέσα μας. Η μία δύναμη μας λέει να κάνουμε αυτά που δεν πρέπει· και η άλλη μας παρακινεί να κάνουμε αυτά που πρέπει, αυτά που φαίνονται δύσκολα. Η μια φωνή είναι αυτή της φαυλότητας και η άλλη είναι αυτή της καλοσύνης ή του Θεού.

Μέσω των καθημερινών δύσκολων μαθημάτων, κάποτε θα δείτε καθαρά ότι οι κακές συνήθειες τρέφουν το δέντρο των ατελείωτων υλικών επιθυμιών, ενώ οι καλές συνήθειες τρέφουν το δέντρο των πνευματικών προσδοκιών. Θα πρέπει να επικεντρώνετε τις προσπάθειές σας ολοένα και περισσότερο για να επιτύχετε την ωρίμανση του πνευματικού δέντρου, ώστε κάποια μέρα να μαζέψετε τον ώριμο καρπό της συνειδητοποίησης του Εαυτού σας.

Αν μπορείτε να ελευθερωθείτε απ' όλα τα είδη των κακών συνηθειών και αν μπορείτε να κάνετε το καλό γιατί πραγματικά θέλετε να κάνετε καλό, και όχι απλώς επειδή το φαύλο προκαλεί πόνο, τότε αληθινά προοδεύετε στο Πνεύμα.

Μόνον όταν απαλλαγείτε από τις κακές

συνήθειες είστε πραγματικά ελεύθερος άνθρωπος. Μέχρι να γίνετε αληθινός κυρίαρχος του εαυτού σας, ικανός να τον διατάζετε να κάνει τα πράγματα που πρέπει, τα οποία όμως μπορεί να μη θέλει, δεν είστε ελεύθερη ψυχή. *Σ' αυτή τη δύναμη του αυτοελέγχου βρίσκεται ο σπόρος της αιώνιας ελευθερίας.*

Μέχρι τώρα έχω αναφέρει αρκετές σημαντικές ιδιότητες που πρέπει να έχει κάποιος για την επιτυχία – θετικές σκέψεις, ατσάλινη θέληση, ενδοσκόπηση, πρωτοβουλία και αυτοέλεγχο. Πολλά δημοφιλή βιβλία τονίζουν μία ή περισσότερες απ' αυτές, αλλά δεν αναγνωρίζουν τη Θεϊκή Δύναμη πίσω τους. *Ο συντονισμός με τη Θεϊκή Θέληση είναι ο πιο σημαντικός παράγοντας για την προσέλκυση της επιτυχίας.*

Η Θεϊκή Θέληση είναι η δύναμη που κινεί το σύμπαν και οτιδήποτε μέσα σ' αυτό. Ήταν η θέληση του Θεού που εκτόξευσε τα αστέρια στο διάστημα. Είναι η δική Του θέληση που κρατά τους πλανήτες στην τροχιά τους και που κατευθύνει τους κύκλους της γέννησης, της ανάπτυξης και της αποσύνθεσης όλων των μορφών ζωής.

# Η ΔΥΝΑΜΗ ΤΗΣ ΘΕΪΚΗΣ ΘΕΛΗΣΗΣ

Η Θεϊκή Θέληση δεν έχει όρια· ενεργεί μέσω νόμων γνωστών και άγνωστων, φυσικών και φαινομενικά θαυματουργών. Μπορεί να αλλάξει την πορεία του πεπρωμένου, να αναστήσει νεκρούς, να ρίξει βουνά στη θάλασσα και να δημιουργήσει νέα ηλιακά συστήματα.

Ο άνθρωπος, ως εικόνα του Θεού, διαθέτει μέσα του αυτή τη δύναμη θέλησης που μπορεί να κατορθώσει τα πάντα. Η μεγαλύτερη

## Ο Νόμος της Επιτυχίας

υποχρέωση του ανθρώπου είναι να ανακαλύψει, μέσω σωστού διαλογισμού,[1] πώς να βρίσκεται σε αρμονία με τη Θεϊκή Θέληση.

Όταν καθοδηγείται από το σφάλμα, η ανθρώπινη θέληση μας παραπλανά· όταν όμως καθοδηγείται από τη σοφία, η ανθρώπινη θέληση είναι συντονισμένη με τη Θεϊκή Θέληση. Το σχέδιο του Θεού για μας συχνά γίνεται δυσνόητο από τις συγκρούσεις στην ανθρώπινη ζωή κι έτσι χάνουμε την εσωτερική καθοδήγηση που θα μας έσωζε από τα βάραθρα της δυστυχίας.

Ο Ιησούς είπε: «Ας γίνει το θέλημά Σου». Όταν ο άνθρωπος συντονίζει τη θέλησή του με τη θέληση του Θεού, η οποία καθοδηγείται από τη σοφία, χρησιμοποιεί τη Θεϊκή Θέληση.

---

[1] Διαλογισμός είναι η ειδική μορφή αυτοσυγκέντρωσης κατά την οποία η προσοχή απελευθερώνεται, μέσω επιστημονικών τεχνικών γιόγκα, από τη νευρικότητα της σωματικής συνειδητότητας και εστιάζεται μονόπλευρα στο Θεό. Τα Μαθήματα του Self-Realization Fellowship δίνουν λεπτομερείς οδηγίες γι' αυτήν την επιστήμη του διαλογισμού. (*Σημ. του Εκδότη*)

Μέσω της χρησιμοποίησης των σωστών τεχνικών διαλογισμού, που αναπτύχθηκαν από τους αρχαίους χρόνους από τους σοφούς της Ινδίας, όλοι οι άνθρωποι μπορούν να πετύχουν τέλεια αρμονία με τη θέληση του Ουράνιου Πατέρα.

## ΑΠΟ ΤΟΝ ΩΚΕΑΝΟ ΤΗΣ ΑΦΘΟΝΙΑΣ

Ακριβώς όπως όλη η δύναμη βρίσκεται στη θέλησή Του, έτσι και όλα τα πνευματικά και υλικά δώρα ρέουν από την απεριόριστη αφθονία Του. Για να λάβετε τα δώρα Του πρέπει να εξαλείψετε από το νου σας όλες τις σκέψεις περιορισμού ή φτώχειας. Ο Οικουμενικός Νους είναι τέλειος και δε γνωρίζει καμία έλλειψη· για να έχετε πρόσβαση σ' αυτό το απόθεμα που ποτέ δεν εξαντλείται πρέπει να τηρείτε μια συνειδητότητα αφθονίας. Ακόμα κι αν δεν ξέρετε από πού θα έρθει το επόμενο νόμισμα, θα πρέπει να αρνείστε να ανησυχήσετε. Όταν κάνετε αυτό που σας αναλογεί και βασίζεστε στο Θεό να κάνει αυτό που αναλογεί σ' Αυτόν, θα ανακαλύψετε ότι πολλές μυστηριώδεις δυνάμεις έρχονται να σας βοηθήσουν και οι εποικοδομητικές ευχές σας σύντομα υλοποιούνται. Αυτή η εμπιστοσύνη και η συνειδητότητα της αφθονίας επιτυγχάνονται με το διαλογισμό.

Αφού ο Θεός είναι η πηγή όλων των νοητικών δυνάμεων, της γαλήνης και της ευημερίας, *μην αρχίζετε πρώτα χρησιμοποιώντας τη θέλησή σας και πράττοντας, αλλά πρώτα να έρχεστε σε επαφή με το Θεό.* Έτσι θα πειθαρχήσετε τη θέληση και τη δραστηριότητά σας για να επιτύχετε τους υψηλότερους στόχους. Όπως δεν μπορείτε να εκπέμψετε από ένα χαλασμένο μικρόφωνο, με τον ίδιο τρόπο δεν μπορείτε να στείλετε προσευχές μέσω ενός νοητικού μικροφώνου που είναι διαταραγμένο από νευρικότητα. Με βαθιά γαλήνη, θα πρέπει να επισκευάσετε το μικρόφωνο του νου σας και να αυξήσετε τη δεκτικότητα της διαίσθησής σας. Έτσι θα μπορείτε να εκπέμπετε σ' Αυτόν και να λαμβάνετε τις απαντήσεις Του.

## Η ΟΔΟΣ ΤΟΥ ΔΙΑΛΟΓΙΣΜΟΥ

Αφού έχετε επισκευάσει το νοητικό σας ραδιόφωνο και είστε γαλήνια συντονισμένοι με δημιουργικές δονήσεις, με ποιον τρόπο μπορείτε να το χρησιμοποιήσετε για να φτάσετε στο Θεό; Ο τρόπος είναι ο σωστός διαλογισμός.

Με τη δύναμη της αυτοσυγκέντρωσης και του διαλογισμού μπορείτε να κατευθύνετε την ανεξάντλητη δύναμη του νου σας να κατορθώνει ό,τι επιθυμείτε και να επαγρυπνά για να μην οδηγηθείτε σε κανένα δρόμο που οδηγεί στην αποτυχία. Όλοι οι επιτυχημένοι άνθρωποι αφιερώνουν πολύ χρόνο στη βαθιά αυτοσυγκέντρωση. Μπορούν να βυθίζονται βαθιά μέσα στο νου τους και να βρίσκουν τα μαργαριτάρια των σωστών λύσεων για τα προβλήματα που αντιμετωπίζουν. Αν μάθετε πώς να αποσύρετε την προσοχή σας απ' όλα τα αντικείμενα που την αποσπούν και να την εστιάζετε με πλήρη αυτοσυγκέντρωση πάνω σε ένα θέμα, θα ξέρετε κι εσείς πώς να προσελκύετε με τη θέλησή σας οτιδήποτε χρειάζεστε.

Πριν ξεκινήσετε σημαντικά εγχειρήματα, καθίστε ήσυχα, γαληνέψτε τις αισθήσεις σας και τις σκέψεις σας και διαλογιστείτε βαθιά. Τότε θα καθοδηγηθείτε από τη σπουδαία δημιουργική δύναμη του Πνεύματος. Μετά απ' αυτό, θα πρέπει να χρησιμοποιήσετε όλα τα υλικά μέσα για να επιτύχετε το στόχο σας.

Παραμαχάνσα Γιογκανάντα

Τα πράγματα που χρειάζεστε στη ζωή είναι αυτά που θα σας βοηθήσουν να εκπληρώσετε τον κύριο σκοπό σας. Πράγματα που μπορεί να *θέλετε αλλά να μη χρειάζεστε, μπορεί να σας οδηγήσουν μακριά απ' αυτό το σκοπό.* Η επιτυχία έρχεται όταν όλα όσα κάνετε φροντίζετε να συντελούν στην κύρια επιδίωξή σας.

# Η ΕΠΙΤΥΧΙΑ ΜΕΤΡΙΕΤΑΙ ΜΕ ΤΗΝ ΕΥΤΥΧΙΑ

Σκεφτείτε αν η εκπλήρωση του στόχου που επιλέξατε θα συνιστά επιτυχία. Τι *είναι* η επιτυχία; Αν κατέχετε υγεία και πλούτο, αλλά έχετε προβλήματα με όλους (συμπεριλαμβανομένου και του εαυτού σας), η ζωή σας δεν είναι επιτυχημένη. Η ζωή γίνεται μάταιη αν δεν μπορείτε να βρείτε ευτυχία. *Όταν ο πλούτος χαθεί, έχετε*

Ο Νόμος της Επιτυχίας

*χάσει λίγα· όταν η υγεία χαθεί, έχετε χάσει κάτι πιο σημαντικό· όταν όμως η γαλήνη του νου χαθεί, έχετε χάσει τον ύψιστο θησαυρό.*

Η επιτυχία επομένως πρέπει να μετριέται με γνώμονα την ευτυχία· με την ικανότητά σας να παραμένετε σε γαλήνια αρμονία με τους συμπαντικούς νόμους. Η επιτυχία δε μετριέται σωστά με τα εγκόσμια πρότυπα του πλούτου, του κύρους και της δύναμης. Τίποτα απ' αυτά δε χαρίζει ευτυχία, εκτός κι αν χρησιμοποιούνται σωστά. Για να τα χρησιμοποιήσει σωστά κάποιος, πρέπει να διαθέτει σοφία και αγάπη για το Θεό και τον άνθρωπο.

Ο Θεός ούτε σας ανταμείβει ούτε σας τιμωρεί. Σας έδωσε τη δύναμη να ανταμείβετε ή να τιμωρείτε τον εαυτό σας με τη σωστή ή τη λανθασμένη χρήση της δικής σας λογικής και δύναμης θέλησης. Αν παραβιάσετε τους νόμους της υγείας, της ευημερίας και της σοφίας, θα

Παραμαχάνσα Γιογκανάντα

πρέπει αναπόφευκτα να υποφέρετε από αρρώστια, φτώχεια και άγνοια. Ωστόσο θα πρέπει να δυναμώσετε το νου σας και να αρνείστε να μεταφέρετε το φορτίο των νοητικών και ηθικών αδυναμιών που αποκτήσατε σε παλιότερα χρόνια· κάψτε τες στις φωτιές των τωρινών θεϊκών ακλόνητων αποφάσεων και των σωστών δραστηριοτήτων σας. Μ' αυτή τη δημιουργική νοοτροπία θα αποκτήσετε ελευθερία.

Η ευτυχία εξαρτάται σε κάποιο βαθμό από εξωτερικές συνθήκες, αλλά κυρίως από τη νοοτροπία. Για να είναι κάποιος ευτυχισμένος, θα πρέπει να έχει καλή υγεία, έναν καλά ισορροπημένο νου, μια ευημερούσα ζωή, τη σωστή εργασία, μια ευγνώμονα καρδιά και, πάνω απ' όλα, σοφία ή γνώση του Θεού.

Μια ισχυρή αποφασιστικότητα να είστε ευτυχισμένοι θα σας βοηθήσει. Μην περιμένετε να αλλάξουν οι συνθήκες της ζωής σας, σκεπτόμενοι λανθασμένα ότι εκεί βρίσκεται το πρόβλημα. Μην κάνετε τη δυστυχία μια χρόνια συνήθεια, ταλαιπωρώντας έτσι τον εαυτό σας και τους γύρω σας. Αν είστε ευτυχισμένοι, αυτό είναι ευλογία για σας και τους άλλους. Αν έχετε ευτυχία έχετε τα πάντα· το να είστε ευτυχισμένοι σημαίνει ότι είστε συντονισμένοι με το Θεό. Αυτή η δύναμη να είστε ευτυχισμένοι έρχεται με το διαλογισμό.

# ΒΑΛΤΕ ΤΗ ΔΥΝΑΜΗ ΤΟΥ ΘΕΟΥ ΠΙΣΩ ΑΠΟ ΤΙΣ ΠΡΟΣΠΑΘΕΙΕΣ ΣΑΣ

Απελευθερώστε τη δύναμη που ήδη έχετε για δημιουργικούς σκοπούς και θα αποκτήσετε ακόμα περισσότερη. Κινηθείτε στο μονοπάτι σας με απτόητη αποφασιστικότητα, χρησιμοποιώντας όλα τα χαρακτηριστικά γνωρίσματα και τις αρετές για επιτυχία. Συντονιστείτε με τη δημιουργική δύναμη του Πνεύματος. Θα είστε σε επαφή με την Άπειρη Νοημοσύνη που μπορεί να σας καθοδηγεί και να λύνει όλα τα προβλήματα. Από τη δυναμική Πηγή της ύπαρξής σας θα ρέει αδιάλειπτα μια δύναμη που θα σας καθιστά ικανούς να είστε δημιουργικοί σε κάθε πεδίο δραστηριότητας.

Θα πρέπει να κάθεστε σε σιωπή πριν αποφασίσετε σχετικά με οποιοδήποτε σημαντικό θέμα, ζητώντας από τον Πατέρα την ευλογία Του. Τότε πίσω από τη δύναμή σας βρίσκεται η δύναμη του Θεού· πίσω από το νου σας, ο νους Του· πίσω από τη θέλησή σας, η θέλησή Του. Όταν ο Θεός εργάζεται μαζί σας, δε γίνεται να αποτύχετε· κάθε ικανότητά σας θα αυξηθεί σε δύναμη. Όταν εργάζεστε με τη σκέψη ότι υπηρετείτε το Θεό, λαμβάνετε τις ευλογίες Του.

Ο Νόμος της Επιτυχίας

Αν η εργασία σας στη ζωή είναι ταπεινή, μην απολογείστε γι' αυτό. Να είστε περήφανοι γιατί εκπληρώνετε το καθήκον που σας ανατέθηκε από τον Πατέρα. Σας χρειάζεται στη συγκεκριμένη σας θέση· δεν μπορούν όλοι οι άνθρωποι να έχουν τον ίδιο ρόλο. Όσο εργάζεστε για να ευχαριστήσετε το Θεό, όλες οι συμπαντικές δυνάμεις θα σας βοηθούν αρμονικά.

Όταν πείσετε το Θεό ότι πάνω από οτιδήποτε άλλο θέλετε Αυτόν, θα είστε συντονισμένοι με τη θέλησή Του. Όταν συνεχίζετε να Τον αναζητάτε, όσα εμπόδια κι αν σας απομακρύνουν απ' Αυτόν, χρησιμοποιείτε την ανθρώπινη θέλησή σας στην πιο δημιουργική της μορφή. Με τον τρόπο αυτό θα θέσετε σε λειτουργία το νόμο της επιτυχίας που ήταν γνωστός στους αρχαίους σοφούς και έχει κατανοηθεί απ' όλους τους ανθρώπους που έφτασαν στην αληθινή επιτυχία. Η θεϊκή δύναμη είναι δική σας αν κάνετε μια αποφασιστική προσπάθεια να τη χρησιμοποιείτε για να κατακτήσετε υγεία, ευτυχία και γαλήνη. Καθώς θα επιτυγχάνετε αυτούς τους στόχους, θα ταξιδεύετε στο μονοπάτι της συνειδητοποίησης του Εαυτού σας που οδηγεί στο αληθινό σπίτι σας στο Θεό.

## ΔΙΑΒΕΒΑΙΩΣΗ

Ουράνιε Πατέρα, θα χρησιμοποιώ τη λογική μου, τη θέλησή μου, θα πράττω· αλλά καθοδήγησε Εσύ τη λογική, τη θέληση και τη δραστηριότητά μου ώστε να κάνω το σωστό.

# ΣΧΕΤΙΚΑ ΜΕ ΤΟ ΣΥΓΓΡΑΦΕΑ

Ο Παραμαχάνσα Γιογκανάντα (1893-1952) θεωρείται ευρέως ως μία από τις εξέχουσες μορφές της σύγχρονης εποχής. Γεννημένος στη Βόρεια Ινδία, πήγε στις Ηνωμένες Πολιτείες το 1920. Τις επόμενες τρεις δεκαετίες συνεισέφερε με εκτεταμένους τρόπους σε μια μεγαλύτερη επίγνωση και εκτίμηση από τη Δύση της αιώνιας σοφίας της Ανατολής – μέσω των γραπτών του, των μεγάλων περιοδειών του για διαλέξεις, καθώς και της ίδρυσης πολλών ναών και κέντρων διαλογισμού του Self-Realization Fellowship. Το βιβλίο στο οποίο αφηγείται την ιστορία της ζωής του, η *Αυτοβιογραφία Ενός Γιόγκι*, που έτυχε ευρείας και ενθουσιώδους απήχησης, τα πολυάριθμα άλλα βιβλία του, καθώς και η εκτενής σειρά μαθημάτων του για μελέτη στο σπίτι, εισήγαγαν εκατομμύρια ανθρώπους στην αρχαία επιστήμη της Ινδίας του διαλογισμού και των μεθόδων για την επίτευξη ισορροπίας και υγείας του σώματος, του νου και της ψυχής. Κάτω από την καθοδήγηση μιας από τις πιο στενές μαθήτριές του, της Σρι Μριναλίνη Μάτα, το πνευματικό και ανθρωπιστικό του έργο συνεχίζεται σήμερα από το Self-Realization Fellowship[1], τη διεθνή κοινότητα που ίδρυσε το 1920 για τη διάδοση των διδασκαλιών του σε όλο τον κόσμο.

---

[1] Επί λέξει, στα Ελληνικά, «Αδελφότητα της συνειδητοποίησης του Εαυτού» (πουθενά όμως δεν απαντάται μ' αυτό το μεταφρασμένο όνομα). Ο Παραμαχάνσα Γιογκανάντα εξήγησε ότι το όνομα Self-Realization Fellowship σημαίνει «Αδελφότητα με το Θεό μέσω συνειδητοποίησης του Εαυτού και φιλία με όλες τις ψυχές που αναζητούν την Αλήθεια». Βλ. επίσης «Στόχοι και Ιδεώδη του Self-Realization Fellowship». *(Σημείωση του Εκδότη)*

# ΒΙΒΛΙΑ ΣΤΑ ΕΛΛΗΝΙΚΑ ΑΠΟ ΤΟΝ ΠΑΡΑΜΑΧΑΝΣΑ ΓΙΟΓΚΑΝΑΝΤΑ

*Διαθέσιμα από τα ελληνικά βιβλιοπωλεία:*

**Αυτοβιογραφία Ενός Γιόγκι**
Διαθέσιμη από τις εκδόσεις «Εστία»

**Μέζντα**
Διαθέσιμο από τις εκδόσεις «Κέδρος»

*Διαθέσιμα απ' ευθείας από τον εκδότη:*

Self-Realization Fellowship
3880 San Rafael Avenue • Los Angeles, California 90065-3219
Τηλ. (323) 225-2471 • Φαξ (323) 225-5088
www.yogananda-srf.org

**Αυτοβιογραφία Ενός Γιόγκι**
(νέα μετάφραση) (Autobiography of a Yogi)

**Επιστημονικές Θεραπευτικές Διαβεβαιώσεις**
(Scientific Healing Affirmations)

**Μέσα στο Ιερό της Ψυχής**
(In the Sanctuary of the Soul)

**Μεταφυσικοί Διαλογισμοί**
(Metaphysical Meditations)

# ΒΙΒΛΙΑ ΣΤΑ ΑΓΓΛΙΚΑ ΑΠΟ ΤΟΝ ΠΑΡΑΜΑΧΑΝΣΑ ΓΙΟΓΚΑΝΑΝΤΑ

*Διαθέσιμα απ' ευθείας από τον εκδότη:*

Self-Realization Fellowship
3880 San Rafael Avenue • Los Angeles, California 90065-3219
Τηλ. (323) 225-2471 • Φαξ (323) 225-5088
www.yogananda-srf.org

### *Autobiography of a Yogi*

### *The Second Coming of Christ:*
*The Resurrection of the Christ Within You*
Ένας αποκαλυπτικός σχολιασμός πάνω στις αυθεντικές διδασκαλίες του Ιησού.

### *God Talks with Arjuna; The Bhagavad Gita*
Μια νέα μετάφραση και σχολιασμός.

### *Man's Eternal Quest*
Ο πρώτος τόμος διαλέξεων και ανεπίσημων ομιλιών του Παραμαχάνσα Γιογκανάντα.

### *The Divine Romance*
Ο δεύτερος τόμος διαλέξεων, ανεπίσημων ομιλιών και δοκιμίων του Παραμαχάνσα Γιογκανάντα.

### *Journey to Self-realization*
Ο τρίτος τόμος διαλέξεων και ανεπίσημων ομιλιών του Παραμαχάνσα Γιογκανάντα.

***Wine of the Mystic:***
*The Rubaiyat of
Omar Khayyam — A Spiritual Interpretation*
Ένας εμπνευσμένος σχολιασμός που φέρνει στο φως
τη μυστικιστική επιστήμη της κοινωνίας με το Θεό
που είναι κρυμμένη πίσω από τα αινιγματικά λόγια
των Ρουμπαγιάτ.

***Where There Is Light:***
*Insight and Inspiration for Meeting Life's Challenges*

***Whispers from Eternity***
Μια συλλογή από τις προσευχές και θεϊκές εμπειρίες
του Παραμαχάνσα Γιογκανάντα στις εξυψωμένες
καταστάσεις διαλογισμού.

***The Science of Religion***

***The Yoga of the Bhagavad Gita:***
*An Introduction to India's Universal Science
of God-Realization*

***The Yoga of Jesus:***
*Understanding the Hidden Teachings of the Gospels*

***In the Sanctuary of the Soul:***
*A Guide to Effective Prayer*

***Inner Peace:***
*How to Be Calmly Active and Actively Calm*

***To Be Victorious in Life***

***Why God Permits Evil and How to Rise Above It***

*Living Fearlessly:*
*Bringing Out Your Inner Soul Strength*

**How You Can Talk With God**

**Metaphysical Meditations**
Περισσότεροι από 300 διαλογισμοί, προσευχές, και διαβεβαιώσεις που εξυψώνουν πνευματικά.

**Scientific Healing Affirmations**
Εδώ ο Παραμαχάνσα Γιογκανάντα παρουσιάζει μια εμβριθή εξήγηση της επιστήμης της διαβεβαίωσης.

**Sayings of Paramahansa Yogananda**
Μια συλλογή λεγομένων και σοφών συμβουλών που μεταφέρει τις ειλικρινείς και γεμάτες αγάπη απαντήσεις του Παραμαχάνσα Γιογκανάντα σ' αυτούς που ζήτησαν την καθοδήγησή του.

**Songs of the Soul**
Μυστικιστική ποίηση από τον Παραμαχάνσα Γιογκανάντα.

**The Law of Success**
Εξηγεί δυναμικές θεμελιώδεις αρχές για να κατορθώνει κάποιος τους στόχους του στη ζωή.

**Cosmic Chants**
Λέξεις (στα Αγγλικά) και μουσική σε 60 τραγούδια αφοσίωσης, με μια εισαγωγή που εξηγεί πώς ο πνευματικός ψαλμός μπορεί να οδηγήσει σε κοινωνία με το Θεό.

## ΗΧΗΤΙΚΕΣ ΚΑΤΑΓΡΑΦΕΣ ΤΟΥ ΠΑΡΑΜΑΧΑΝΣΑ ΓΙΟΓΚΑΝΑΝΤΑ

———

*Beholding the One in All*

*The Great Light of God*

*Songs of My Heart*

*To Make Heaven on Earth*

*Removing All Sorrow and Suffering*

*Follow the Path of Christ, Krishna, and the Masters*

*Awake in the Cosmic Dream*

*Be a Smile Millionaire*

*One Life Versus Reincarnation*

*In the Glory of the Spirit*

*Self-Realization: The Inner and the Outer Path*

# ΑΛΛΕΣ ΕΚΔΟΣΕΙΣ ΑΠΟ ΤΟ SELF-REALIZATION FELLOWSHIP

*Ένας πλήρης κατάλογος που περιγράφει όλες τις δημοσιεύσεις και ηχητικές καταγραφές ή βίντεο ή dvd του Self-Realization Fellowship είναι διαθέσιμος κατόπιν αιτήματος.*

**The Holy Science**
από τον Swami Sri Yukteswar

**Only Love: Living the Spiritual Life in a Changing World**
από τη Sri Daya Mata

**Finding the Joy Within You: Personal Counsel for God-Centered Living**
από τη Sri Daya Mata

**God Alone: The Life and Letters of a Saint**
από τη Sri Gyanamata

**"Mejda": The Family and the Early Life of Paramahansa Yogananda**
από τον Sananda Lal Ghosh

**Self-Realization**
(ένα τριμηνιαίο περιοδικό που άρχισε να εκδίδεται από τον Παραμαχάνσα Γιογκανάντα το 1925)

# ΜΑΘΗΜΑΤΑ ΤΟΥ
# SELF-REALIZATION FELLOWSHIP

Οι επιστημονικές τεχνικές διαλογισμού που διδάχθηκαν από τον Παραμαχάνσα Γιογκανάντα, συμπεριλαμβανομένης της Κρίγια Γιόγκα –καθώς και της καθοδήγησής του σε όλες τις όψεις μιας ισορροπημένης πνευματικής ζωής– διδάσκονται από τα *Μαθήματα του Self-Realization Fellowship*. Για περισσότερες πληροφορίες, παρακαλούμε γράψτε μας για να σας στείλουμε το δωρεάν εξηγητικό φυλλάδιο, *"Undreamed of Possibilities"*, που είναι διαθέσιμο στα Αγγλικά, στα Ισπανικά και στα Γερμανικά.

Self-Realization Fellowship
3880 San Rafael Avenue • Los Angeles, California 90065-3219
Τηλ. (323) 225-2471 • Φαξ (323) 225-5088
www.yogananda-srf.org

# ΣΤΟΧΟΙ ΚΑΙ ΙΔΕΩΔΗ
## ΤΟΥ
## SELF-REALIZATION FELLOWSHIP

*Όπως καθορίστηκαν από τον
Παραμαχάνσα Γιογκανάντα, Ιδρυτή*
Σρι Μριναλίνη Μάτα, Πρόεδρος

Η διάδοση στα έθνη της γνώσης συγκεκριμένων επιστημονικών τεχνικών για την επίτευξη άμεσης προσωπικής εμπειρίας του Θεού.

Η διδασκαλία ότι ο σκοπός της ζωής είναι η εξέλιξη, μέσω προσωπικής προσπάθειας, της θνητής συνειδητότητας του ανθρώπου σε συνειδητότητα του Θεού· και, γι' αυτό το σκοπό, η ίδρυση ναών του Self-Realization Fellowship για κοινωνία με το Θεό σε όλο τον κόσμο και η παρότρυνση για την ίδρυση προσωπικών ναών του Θεού στα σπίτια και στις καρδιές των ανθρώπων.

Η αποκάλυψη της πλήρους αρμονίας και βασικής ενότητας του αρχικού Χριστιανισμού, όπως διδάχθηκε από τον Ιησού Χριστό, και της αρχικής Γιόγκα, όπως διδάχθηκε από τον Μπάγκαβαν Κρίσνα· και η απόδειξη ότι αυτές οι αρχές της αλήθειας είναι τα κοινά επιστημονικά θεμέλια όλων των αληθινών θρησκειών.

Η κατάδειξη της μιας θεϊκής λεωφόρου στην οποία τελικά οδηγούν όλα τα μονοπάτια των αληθινών θρησκευτικών πεποιθήσεων: τη λεωφόρο του καθημερινού, επιστημονικού, λατρευτικού διαλογισμού στο Θεό.

Η απελευθέρωση του ανθρώπου από τον τρίπτυχο πόνο: τη σωματική αρρώστια, τις νοητικές δυσαρμονίες και την πνευματική άγνοια.

Η ενθάρρυνση για «απλή ζωή και υψηλό στοχασμό»· και η διάδοση ενός πνεύματος αδελφοσύνης ανάμεσα σε όλους τους ανθρώπους με τη διδασκαλία της αιώνιας βάσης της ενότητάς τους: της συγγένειας με το Θεό.

Η απόδειξη της ανωτερότητας του νου πάνω στο σώμα, της ψυχής πάνω στο νου.

Η υπέρβαση του κακού με το καλό, του πόνου με τη χαρά, της βαναυσότητας με την καλοσύνη, της άγνοιας με τη σοφία.

Η ένωση της επιστήμης με τη θρησκεία μέσω της συνειδητοποίησης της ενότητας των θεμελειωδών αρχών που βρίσκονται πίσω απ' αυτές.

Η υποστήριξη της πολιτισμικής και πνευματικής κατανόησης ανάμεσα στην Ανατολή και τη Δύση και η ανταλλαγή των καλύτερων διακριτικών χαρακτηριστικών τους.

Η προσφορά υπηρεσίας στην ανθρωπότητα ως τον ευρύτερο Εαυτό του ανθρώπου.

www.ingramcontent.com/pod-product-compliance
Lightning Source LLC
Chambersburg PA
CBHW031429040426
42444CB00006B/753